a skoro - мәктәп	2
a koiri - сәяхәт	5
a transport - транспорт	8
a foto - шәһәр	10
a landschap - ландшафт	14
a restaurant - ресторан	17
a wenkri - супермаркет	20
a dringi - эчемлекләр	22
a nyan - азык	23
a burugron - ферма	27
a oso - йорт	31
a foroisi - кунак бүлмәсе	33
a botrali - аш бүлмәсе	35
a was oso - ванна бүлмәсе	38
a pikin kamra - балалар бүлмәсе	42
a krosi - кием	44
a kantoro - офис	49
a ekonomia - икътисад	51
den kari - профессияләр	53
a wrokosani - кораллар	56
den poku sani - музыкаль инструментлар	57
a meti dyari - зоопарк	59
a sport - спорт төрләре	62
den aktifiteit - хәрәкәт	63
a famiri - гаилә	67
a skin - тән	68
a ati oso - хастаханә	72
a nowtu - кичектергесез хәл	76
a grontapu - җир	77
oloisi - сәгать	79
a wiki - атна	80
a yari - ел	81
den form - формалар	83
kloru - төсләр	84
difrenti - капма-каршылыклар	85
den nomru - саннар	88
den tongo - телләр	90
suma / sang / fa - кем / нәрсә / ничек	91
pe - кайда	92

Impressum
Verlag: BABADADA GmbH, Nedderfeld 112 , 22529 Hamburg
Geschäftsführer / Verlagsleitung: Harald Hof
Druck: Books on Demand GmbH, In de Tarpen 42, 22848 Norderstedt

Imprint
Publisher: BABADADA GmbH, Nedderfeld 112 , 22529 Hamburg, Germany
Managing Director / Publishing direction: Harald Hof
Print: Books on Demand GmbH, In de Tarpen 42, 22848 Norderstedt

a skoro
мәктәп

- a klas — сыйныф бүлмәсе
- prati бүлү
- a bord — такта
- a skoro dyari — мәктәп ишегалдысы
- a leriman — укытучы
- a papira — кәгазь
- skrifi — язу
- a pen — ручка
- a tafra — язу өстәле
- a lati — линейка
- a buku — китап
- a studenti — укучы

a skorotas
букча

a kisi
пенал

a skriftiki
каләм

a srapu
каләм очлагыч

a sisibi
бетергеч

a prenki buku
рәсем ясау өчен альбом

a prenki
рәсем

a kwasi
кисточка

a ferfidosu
буяулар тартмасы

a sisei
кайчы

a gomma
җилем

a skrifbuku
дәфтәр

a skorowroko
өйгә эш

a nomru
сан

teri
кушу

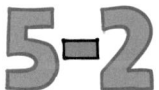

koti
алу

vermenigvuldig
тапкырлау

teri
исәпләү

a brifi
хәреф

a alfabet
алфавит

a wortu
сүз

a skoro - мәктәп

a wortu

текст

lesi

уку

a kreiti

акбур

a yuru

дәрес

a klasbuku

сыйныф журналы

a examen

имтихан

a skoropapira

диплом

a sem skoro krosi

мәктәп формасы

a skoro

мәгариф

a encyklopedie

энциклопедия

a unifersiteit

университет

a mikroskoop

микроскоп

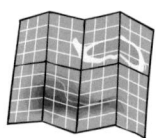

a karta

карта

a doti embre

кәгазь өчен кәрҗин

a skoro - мәктәп

a koiri

сәяхәт

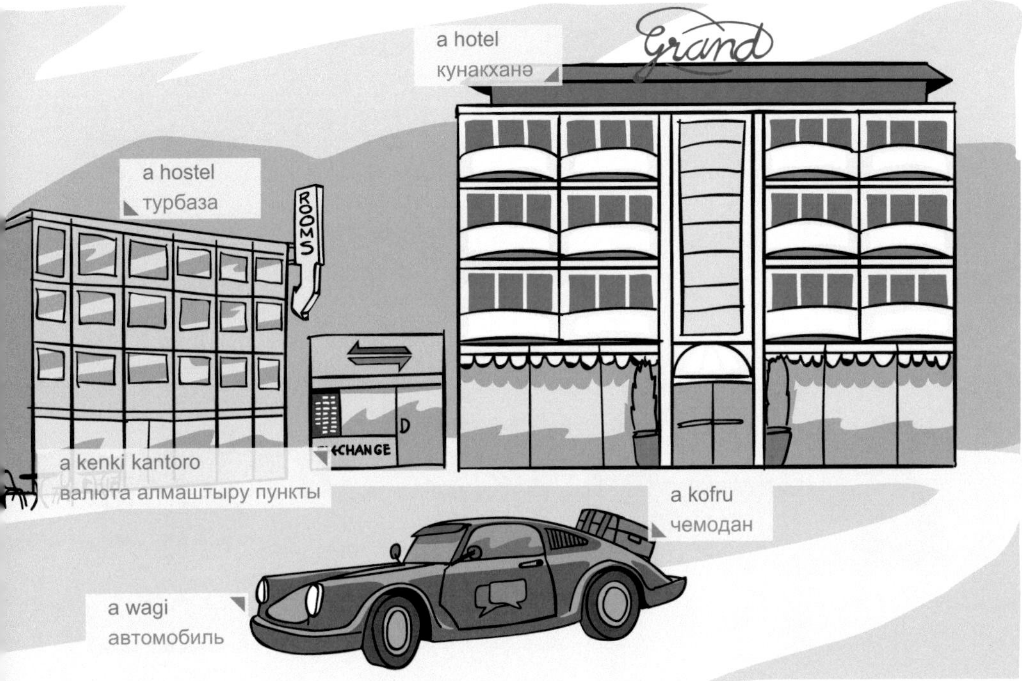
Grand
a hotel
кунакханә
a hostel
турбаза
ROOMS
EXCHANGE
a kenki kantoro
валюта алмаштыру пункты
a kofru
чемодан
a wagi
автомобиль

a tongo

тел

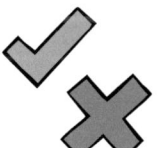

ai / no

әйе / юк

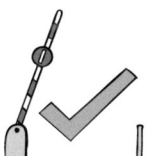

afen

яхшы

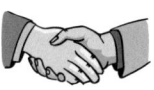

Ei!

сәлам

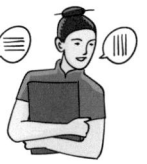

a torku

тәрҗемәче

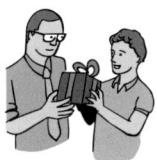

Grantangi

Рәхмәт

O meni…?

Күпме тора...?

Mi ne ferstan

Мин аңламыйм

a problema

проблема

Kuneti!

Хәерле кич!

Morgu!

Хәерле иртә!

Kuneti!

Тыныч йокы!

Adyosi!

хушыгыз

a beni

юнәлеш

a bagasi

багаж

a tas

букча

a tas

рюкзак

a fisiti

кунак

a kamra

бүлмә

a sribi saka

йоклар өчен капчык

a tenti

палатка

a koiri - сәяхәт

a reiskantoro

туристик мәгълүмат

a sekanti

пляж

a kreditkarta

кредит картасы

a mamanten nyanyan

иртәнге аш

nyanyan

төш

a nyanyan

кичке аш

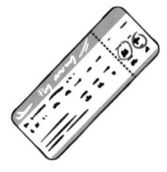

a karta

билет

a lift

лифт

a stampu

почта маркасы

a lanki

чик

a douane

таможня

a ambassade

илчелек

a fisa

виза

a pasportu

паспорт

a koiri - сәяхәт

a transport
транспорт

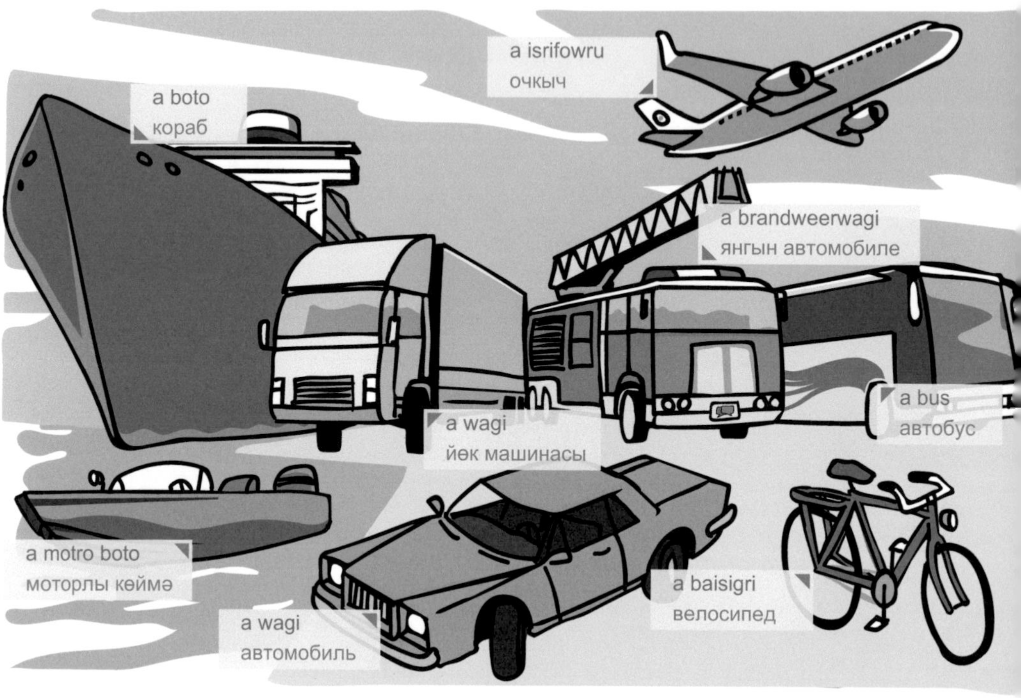

a boto — кораб
a isrifowru — очкыч
a brandweerwagi — янгын автомобиле
a bus — автобус
a wagi — йөк машинасы
a motro boto — моторлы көймә
a wagi — автомобиль
a baisigri — велосипед

a pondo
паром

a boto
көймә

a motro
мотоцикл

a skowtu wagi
полиция автомобиле

a streilon wagi
узыш автомобиле

a yuru wagi
вакытлыча алып торган автомобиль

a transport - транспорт

a wagi prati

Автомобильләр белән уртак файдалану

a takelwagi

буксирлау автомобиле

a doti wagi

чүп ташучы

a motro

двигатель

a oli

ягулык

a oli pompu

заправка

a ferkeermarki

юл билгесе

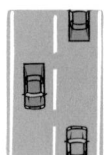

a ferkeer

хәрәкәт

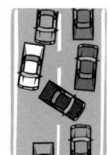

a reylo

бөке

a parkeerpresi

автомобиль туктaлышы

a lokopresi

вокзал

den rail

рельслар

a loko

поезд

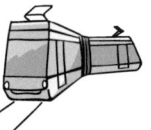

a loko

трамвай

a wagi

вагон

a transport - транспорт

a helikopter
вертолет

a opolangi
аэропорт

a fortresi
каланча

a pasasir
юлчы

a kontainer
контейнер

a doso
тартма

a wagi
арба

a baskita
кәрзинкә

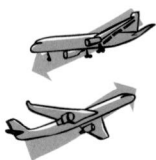
opo go / saka
очу / җиргә төшү

a foto
шәһәр

a dorpu
авыл

a fotosei
шәһәр үзәге

a oso
йорт

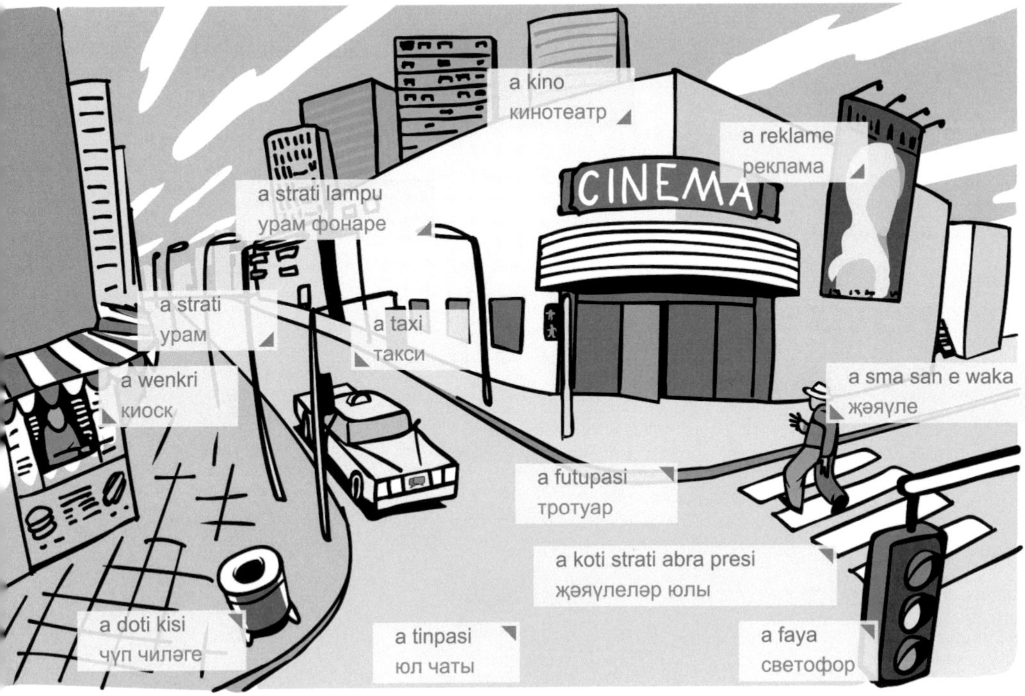

a kino
кинотеатр

a reklame
реклама

a strati lampu
урам фонаре

a strati
урам

a taxi
такси

a wenkri
киоск

a sma san e waka
җәяүле

a futupasi
тротуар

a koti strati abra presi
җәяүлеләр юлы

a doti kisi
чүп чиләге

a tinpasi
юл чаты

a faya
светофор

a kampu

алачык

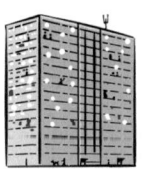

a oso

фатир

a lokopresi

вокзал

a foto oso

ратуша

a museum

музей

a skoro

мәктәп

a foto - шәһәр

a unifersiteit
университет

a bangi
банк

a ati oso
хастаханә

a hotel
кунакханә

a apteiki
даруханә

a kantoro
офис

a buku winkri
китап кибете

a wenkri
кибет

a bromki winkri
чәчәк кибете

a wenkri
супермаркет

a wowoyo
базар

a wowoyo
универмаг

a fisi seri man
балык кибете

a bigi wenkri
сәүдә үзәге

a lanpresi
порт

a foto - шәһәр

a park
парк

a bangi
эскәмия

a broki
күпер

a trapu
баскыч

a fatyawagi
метро

a ondrogron-strati
тоннель

a bushalte
автобус тукталышы

a bar
бар

a restaurant
ресторан

a brifibus
почта тартмасы

a strati nen marki
урам исеме язылган такта

a parkeer marki
паркометр

a meti dyari
зоопарк

a swen presi
бассейн

a gado-oso
мәчет

a foto - шәһәр

a burugron — ферма

a doti sani — әйләнә-тирә мохитне пычрату

a berpe — зират

a kerki — чиркәү

a prei presi — балалар мәйданчыгы

a gado-oso — гыйбадәтханә

a landschap
ландшафт

- a wiwiri — бит
- a pasi marki — юл күрсәткече
- a pasi — юл
- a wei — болын
- a ston — таш
- a bon — агач
- a koiri sma — сәяхәтче
- a libi — елга
- a grasi — үлән
- a bromki — чәчәк

a landschap - ландшафт

a lagi presi
үзән

a lebriki
тау

a fisi-olo
күл

a busi
урман

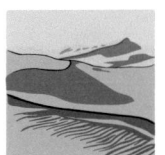
a dreisabana
чүл

a bergi
вулкан

a ridder-oso
йозак

a alenbo
салават күпере

a todoprasoro
гөмбә

a palmbon
пальма

a maskita
черки

a freifrei
чебен

a mira
кырмыска

a waswasi
корт

a anansi
үрмәкүч

a landschap - ландшафт

a asege
коңгыз

a todo
бака

a bonboni
тиен

a agidya
керпе

a kon koni
куян

a owru kuku
ябалак

a fowru
кош

a gansi
аккош

a werder agu
кабан дуңгызы

a dia
болан

a dia
поши

a dan
буа

a winti miri
җил генераторы

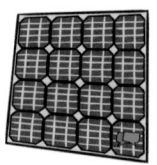
a son planga
кояш батареясы

a weer
климат

a landschap - ландшафт

a restaurant
ресторан

a diniman
официант

a nyankarta
меню

a sturu
утыргыч

a supu
аш

a pissa
пицца

nefi nanga forku
ашханә приборлары

tafra duku
ашъяулык

a fesi nyanyan
кабымлык

a moro prenspari sortu nyan

төп ашамлык

a switi sani
десерт

a dringi
эчемлекләр

a nyan
азык

a batra
шешә

a restaurant - ресторан

17

a fastfood
фастфуд

strati nyanyan
урам ризыгы

a tépatu
чәйнек

sukru patu
шикәр савыты

a krab'patu
күләм

a espressomasyin
кофе кайнаткыч

a pikin sturu
балалар урындыгы

a borgu
исәпләү

a brakri
поднос

a nefi
пычак

a forku
чәнечке

a spun
кашык

a téspun
чәй кашыгы

a servet
салфетка

a grasi
стакан

a restaurant - ресторан

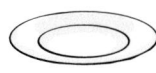

a preti	a supu preti	a skotriki
тәлинкә	аш тәлинкәсе	чәй тәлинкәсе

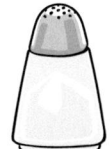

a sowsu	a sowtupatu	a pepre miri
соус	тоз савыты	борыч ваклагыч

a asin	a oli	den specerij
серкә	сыек май	тәмләткеч

a ketchup	a mosterd	a mayonaise
кетчуп	горчица	майонез

a restaurant - ресторан

a wenkri

супермаркет

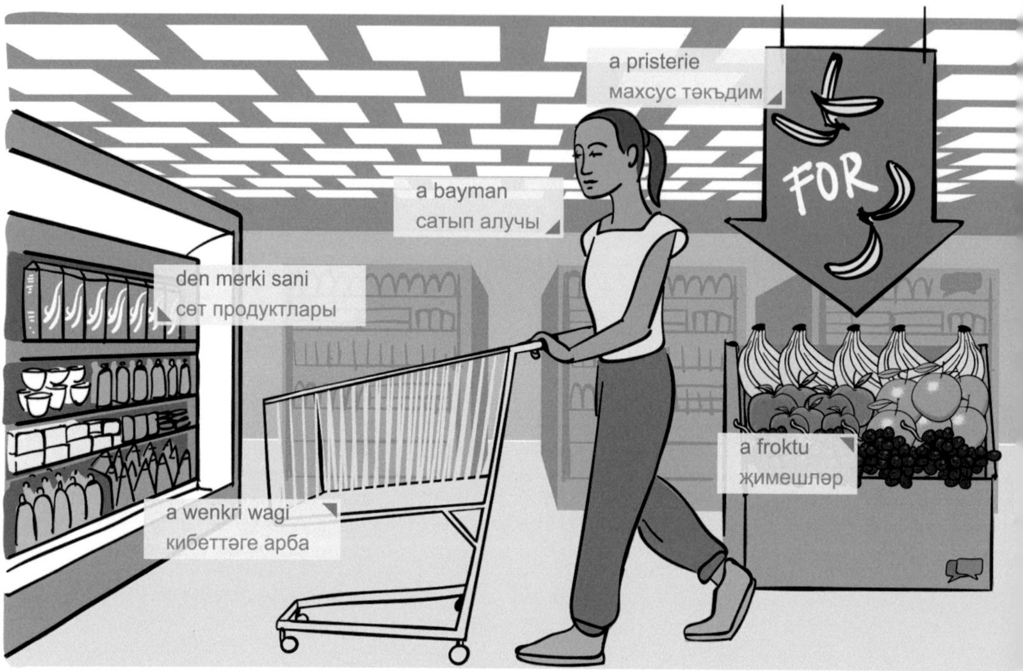

a pristerie
махсус тәкъдим
FOR
a bayman
сатып алучы
den merki sani
сөт продуктлары
a froktu
җимешләр
a wenkri wagi
кибеттәге арба

BUTCHERS

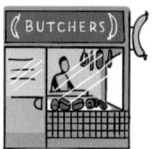

a srakti-oso

ит кибете

BAKERY

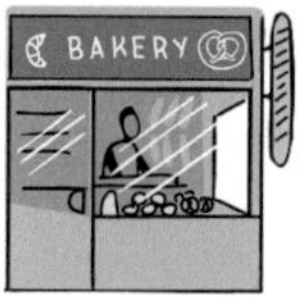

a bakri-oso

икмәк пешерү йорты

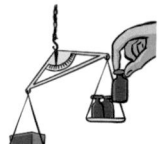

wegi

килү

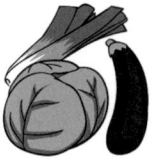

a gruntu

яшелчә

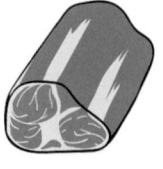

a meti

ит

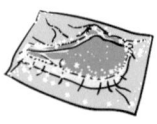

den ijskasi sani

туңдырылган продуктлар

a kowru meti

кисәкле ит

a blik nyan

консервалар

a wasi sani

кер юу порошогы

a switi sani

тәм-томнар

den oso sani

көнкүреш җиһазлары

a sani fu krin

юу әйбере

a seri sma

хатын-кыз сатучы

a kas

касса

a kasman

кассир

a bai marki

сатып алган әйберләрнең исемлеге

den opo yuru

эш вакыты

a portmoni

бумажник

a kreditkarta

кредит картасы

a tas

букча

a plastik saka

полиэтилен пакет

a wenkri - супермаркет

a dringi
эчемлекләр

a watra
су

a sap
сок

a merki
сөт

a kola
кока-кола

a win
шәраб

a biri
сыра

a sopi
хәмер

a skrati
какао

a té
чәй

a kofi
кофе

a espresso
эспрессо

a kappuccino
капучино

a nyan
азык

a bakba
банан

a apra
алма

a apresina
әфлисун

a watramun
карбыз

a sitrun
лимон

a rutu
кишер

a konofroku
сарымсак

a bambu
бамбук

a aiun
суган

den todoprasoro
гөмбә

den noto
чикләвекләр

a pasta
токмач

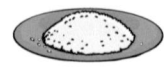

a spaghetti	a alesi	a salade
спагетти	дөге	салат

a patata	den baka patata	a pissa
чипсы	кыздырылган бәрәңге	пицца

a burger	a brede	a schnitsel
гамбургер	сэндвич	котлет

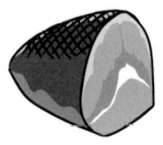

a ameti	a salami	a worst
ветчина	салями	сосиска

a kafowru	a bakadina	a fisi
тавык	кыздырма	балык

a nyan - азык

a hafermout
солы кисәкләре

a muesli
мюсли

den karuflakes
кукуруз кисәкләре

a blon
он

a croissant
круассан

den brede
булка

a brede
икмәк

a baka brede
тост

a buskutu
печенье

a botro
май

a kwark
эремчек

a kuku
пирог

a eksi
йомырка

a baka eksi
йомырка тәбәсе

a kasi
сыр

a ice-cream	a sukru	a oni
туңдырма	шикәр	бал

a jam	a sukruskrati pasta	a kerrie
кайнатма	шоколадлы паста	карри

a burugron
ферма

- a wroko gron presi / крестьян йорты
- a maksin / абзар
- a grasi bergi / салам бәйләмнәре
- a gron / басу
- a asi / ат
- a aanhangwagi / тагылма
- a pikin asi / колын
- a traktor / трактор
- a buriki / ишәк
- a pikin skapu / сарык бәтие
- a skapu / сарык

a krabita
кәҗә

a kaw
сыер

a pikin kaw
бозау

a agu
дуңгыз

a pikin agu
дуңгыз баласы

a burkaw
үгез

a gansi
каз

a doksi
үрдәк

a pikin fowru
чеби

a fowru
тавык

a kakafowru
әтәч

a alata
күсе

a puspusi
песи

a moismoisi
тычкан

a burkaw
эш үгезе

a dagu
эт

a dagu pen
эт оясы

a tuinslang
бакча шлангысы

a watra kan
сусипкеч

a nefi
чалгы

a pluga
сабан

a burugron - ферма

a babun-nefi

урак

a tyapu

китмән

a forku

тирес сәнәге

a beyri

балта

a kroiwagi

кул арбасы

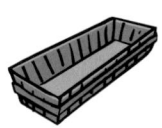

a baki

тагарак

a merki kan

сөт өчен бидон

a saka

капчык

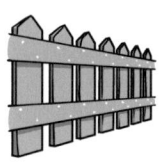

a skotu

койма

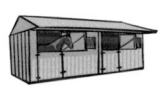

a pen

абзар

a grun kasi

теплица

a gron

туфрак

a siri

чәчү

a doti

ашлама

a maaidorser

комбайн

a burugron - ферма

koti

уңыш җыю

a nyanyan

уңыш

a yami

ямса

a aleisi

бодай

a soja

соя

a patata

бәрәңге

a karu

кукуруз

a koro siri

рапс

a froktu bon

җимеш агачы

a kasaba

маниок

den siri

иген

a burugron - ферма

a oso
йорт

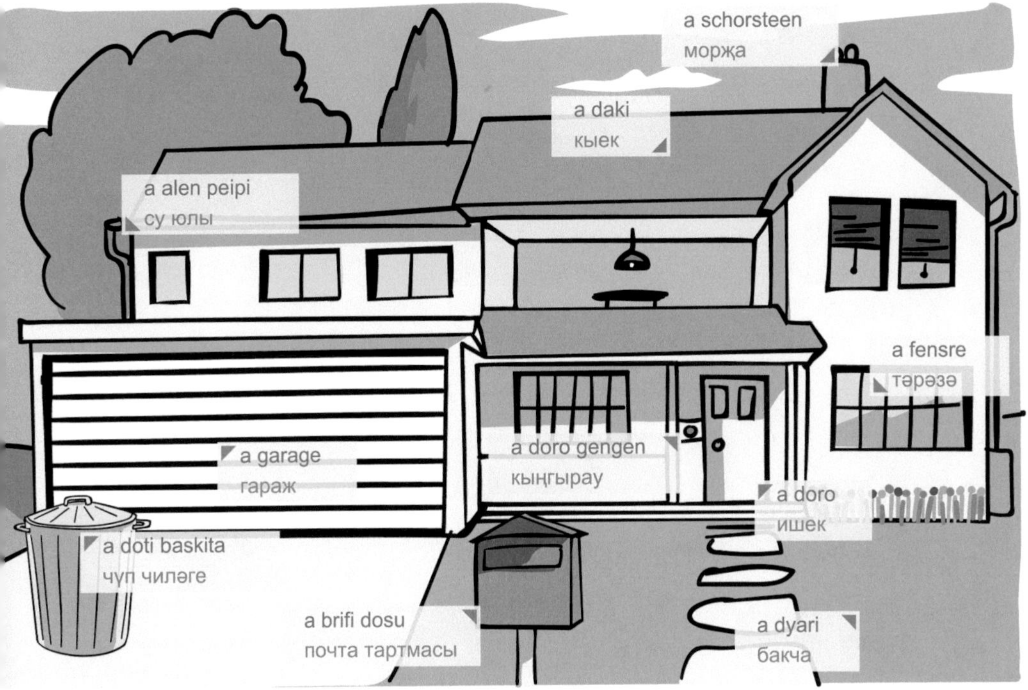

a schorsteen
моржа

a daki
кыек

a alen peipi
су юлы

a fensre
тәрәзә

a garage
гараж

a doro gengen
кыңгырау

a doro
ишек

a doti baskita
чүп чиләге

a brifi dosu
почта тартмасы

a dyari
бакча

a foroisi

кунак бүлмәсе

a was oso

ванна бүлмәсе

a botrali

аш бүлмәсе

a sribikamra

йокы бүлмәсе

a pikin kamra

балалар бүлмәсе

a nyanyan kamra

ашханә

a oso - йорт

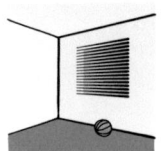

a gron

идән

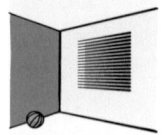

a skotu

дивар

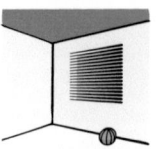

a plafon

түшәм

a kedre

баз

a sauna

сауна

a barkon

балкон

a terras

терраса

a swen presi

бассейн

a waimasyin

газон чапкыч

a sribikrosi

юрган аслыгы

a sribikrosi

япма

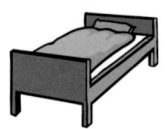

a bedi

каРават

a sisibi

себерке

a embre

чиләк

a san fu leti faya

сүндергеч

a oso - йорт

a foroisi
кунак бүлмәсе

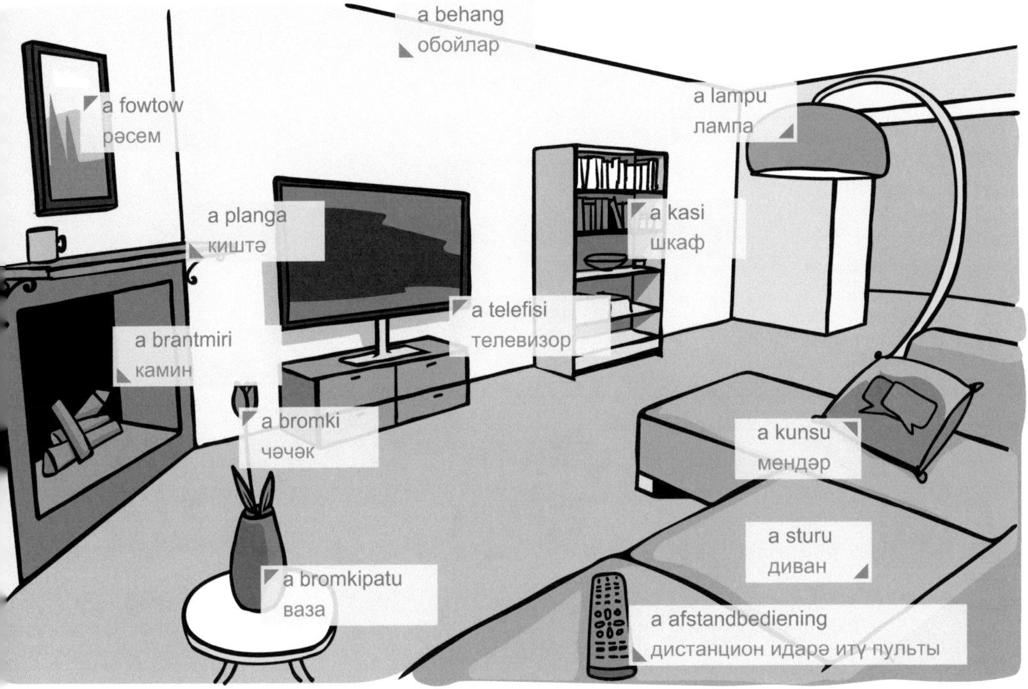

- a behang — обойлар
- a fowtow — рәсем
- a lampu — лампа
- a planga — киштә
- a kasi — шкаф
- a brantmiri — камин
- a telefisi — телевизор
- a bromki — чәчәк
- a kunsu — мендәр
- a sturu — диван
- a bromkipatu — ваза
- a afstandbediening — дистанцион идарә итү пульты

a matamata
келәм

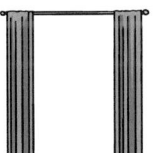

a garden
пәрдә

a tafra
өстәл

a sturu
утыргыч

a boboisturu
тибрәткеч кәнәфи

a sturu
кәнәфи

a buku

китап

a tapun

япма

a pranpran

бизәк

a udu

утын

a kino

фильм

a stereo-installatie

стереосистема

a sroto

ачкыч

a koranti

газета

a skedrei

картина

a poster

плакат

a konkrudosu

радио

a skrifi buku

блокнот

a stofsuiger

тузан суыргыч

a kaktus

кактус

a kandra

шәм

a foroisi - кунак бүлмәсе

a botrali
аш бүлмәсе

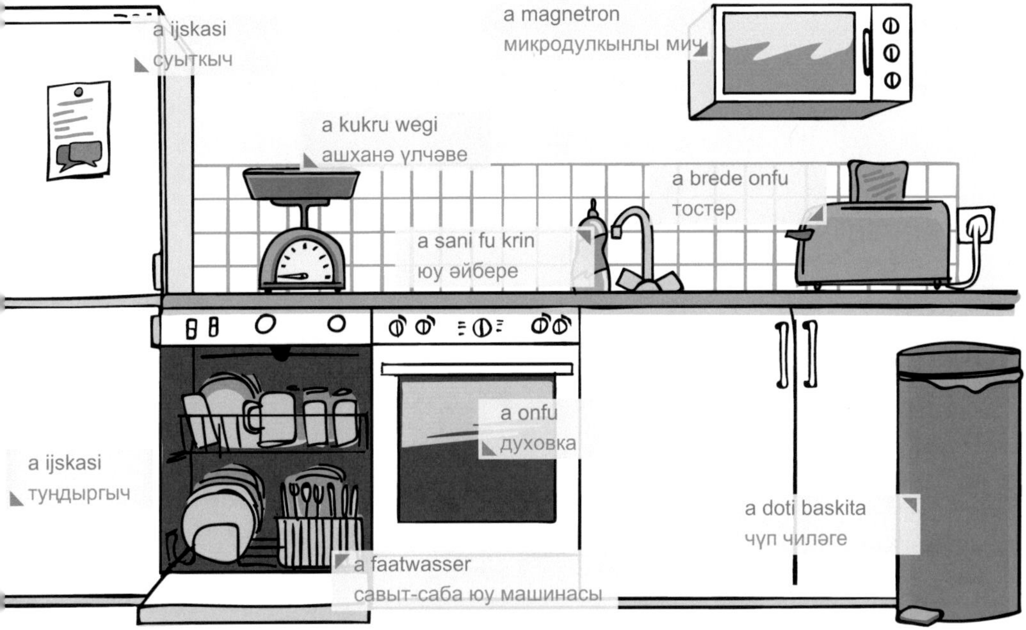

a ijskasi — суыткыч
a magnetron — микродулкынлы мич
a kukru wegi — ашханә үлчәве
a brede onfu — тостер
a sani fu krin — юу әйбере
a onfu — духовка
a ijskasi — туңдыргыч
a doti baskita — чүп чиләге
a faatwasser — савыт-саба юу машинасы

a onfu
плитә

a patu
кәстрүл

a isri patu
чуен казан

a wok / kadai
вок / казан

a pan
таба

a ketre
чәйнек

a dampupatu

парда пешергеч

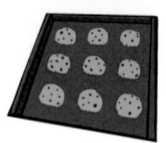

a baka preti

калай таба

den tafra-sani

савыт-саба

a kan

кружка

a koba

җамаяк

den nyantiki

таякчык

a supu spun

аш чүмече

a spatel

лопатка

a klutser

туглауыч

a fergiet

иләк

a dorodoro

иләк

a gritigriti

кыргыч

a mortier

төйгеч

a barbakoto

гриль

a faya presi

учак

a botrali - аш бүлмәсе

a koti planga

такта

a blon lolo

уклау

a korkutreki

бөке суыргыч

a tromu

калай банк

a knefi fu opo blik

консерв ачу өчен пычак

a patu duku

эләктергеч

a wasibaki

раковина

a bosro

щётка

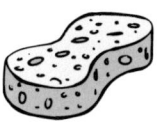
a sponsu

губка

a blender

миксер

a ijskasi

туңдыру камерасы

a beibi batra

ашату өчен шешә

a kran

кран

a botrali - аш бүлмәсе

37

a was oso
ванна бүлмәсе

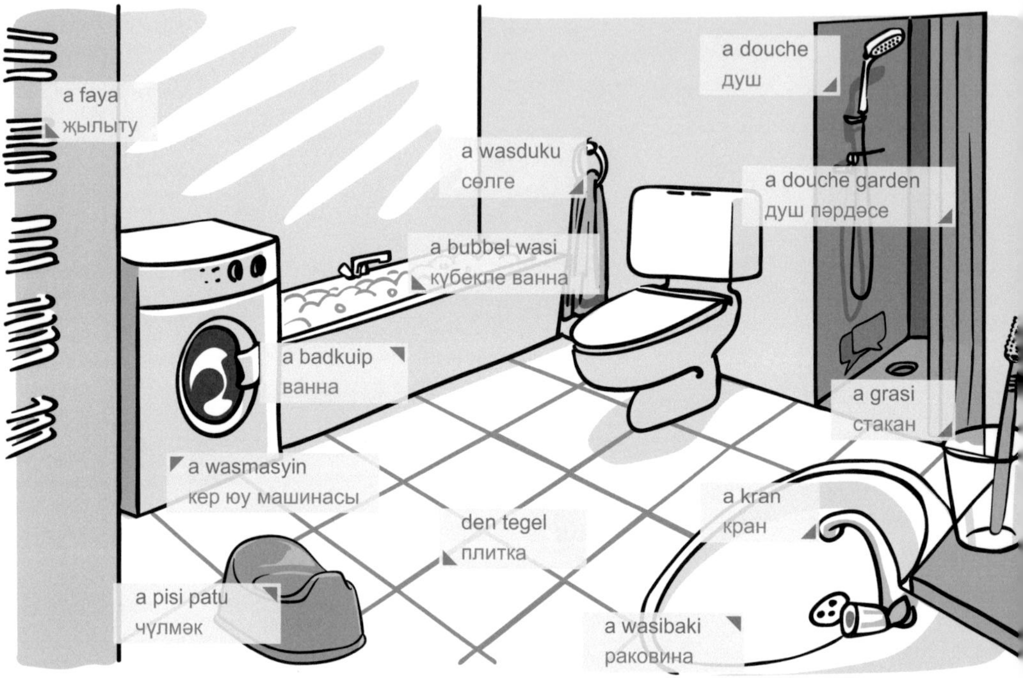

a faya
җылыту

a douche
душ

a wasduku
сөлге

a douche garden
душ пәрдәсе

a bubbel wasi
күбекле ванна

a badkuip
ванна

a grasi
стакан

a wasmasyin
кер юу машинасы

den tegel
плитка

a kran
кран

a pisi patu
чүлмәк

a wasibaki
раковина

a kumakoisi
бәдрәф

a kumakoisi
унитаз

a bidet
биде

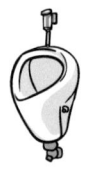

a pisi presi
писсуар

a kumakoisi papira
бәдрәф кәгазе

a kumakoisi bosro
керпе кебек чистарткыч

a tifi bosro
теш щеткасы

a tandpasta
теш пастасы

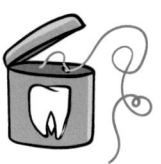
a floss
теш җебе

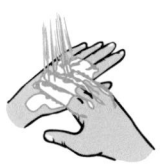
wasi
юу

a douche
кул душы

a kumakoisi douche
душ

a was koba
оча сөяге

a baka bosro
аврка өчен щетка

a sopo
сабын

a douchegel
душ өчен гель

a sopo
шампунь

a was krosi
мунчала

a afvoer
агым

a krème
крем

a okselstik
дезодорант

a was oso - ванна бүлмәсе

a spikri

көзге

a moimoi fu fesi spikri

кул көзгесе

a sebinefi

пәке

a sebiskuma

кырыну өчен күбек

a aftershave

Кырынаганнан соң кулланыла торган лосьон

a kankan

тарак

a bosro

щётка

a wiri drei masyin

фен

a wirispray

чәчләр лагы

a moimoi fu fesi

косметика

a lippenstift

ирен буявы

a nangra ferfi

тырнаклар лагы

den katun

мамык

a nangra sey

маникюр кайчысы

a switi smeri

хушбуй

40 a was oso - ванна бүлмәсе

a tas gi krin sani

косметика савыты

a kroku

урындык

a wegi

үлчәү

a was dyaki

халат

den handschoen fu krin

резин перчаткалар

a tampon

тампон

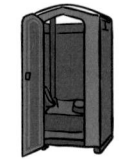

a munduku

гигиена җәймәсе

a kumakoisi

биотуалет

a was oso - ванна бүлмәсе

a pikin kamra
балалар бүлмәсе

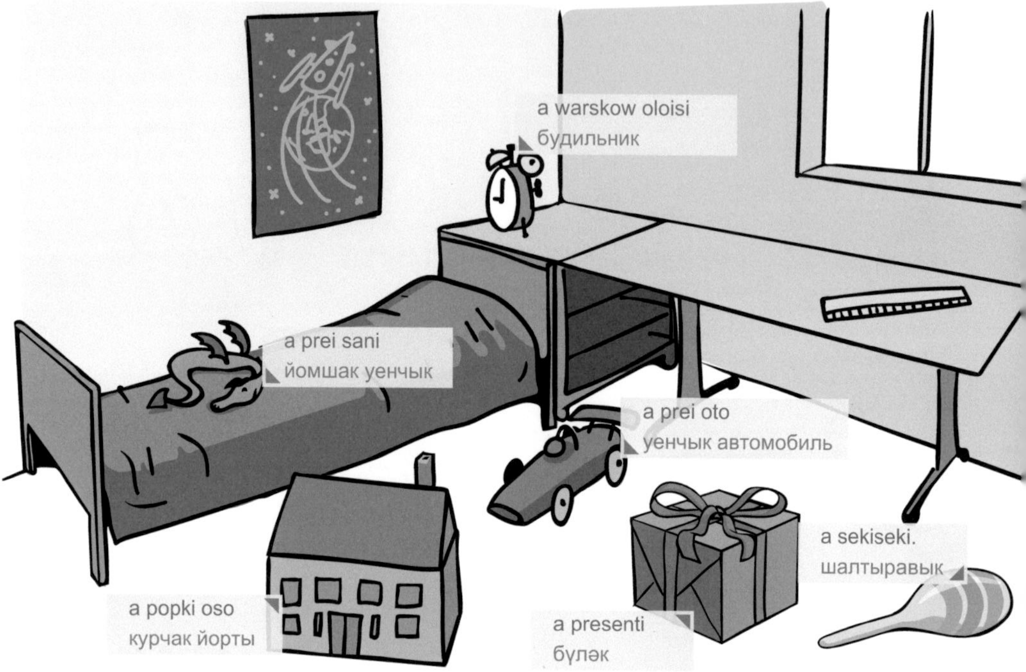

a warskow oloisi
будильник

a prei sani
йомшак уенчык

a prei oto
уенчык автомобиль

a sekiseki.
шалтыравык

a popki oso
курчак йорты

a presenti
бүләк

a ballon

һава шары

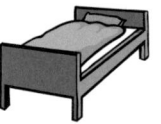

a bedi

карават

a beibiwagi

балалар коляскасы

a paki karta

кәрт уены

a laytori

пазл

a strip torie

комикс

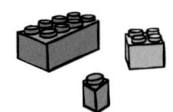

den lego ston

Лего кирпечекләре

den prei sani

шакмак

a aktiefiguurtje

уенчык

a beibikrosi

ползунки

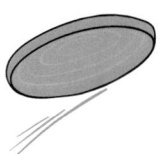

a frisbee

фрисби

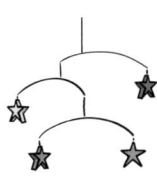

a mobile

мобиль

a prei tapu bord

өстәл уены

a prei ston

шакмак

a prei sani loko

тимер юл моделе

a bobimofo

имезлек

a fesa

кичә

a prenki buku

рәсемнәр белән бизәлгән китап

a bal

туп

a popki

курчак

prei

уйнау

a pikin kamra - балалар бүлмәсе

a santi baki
комлык

a boboisturu
таган

den preisani
уенчык

a prei komputer
уен приставкасы

a baysigri
өч көпчәкле велосипед

a prei sani
плюш аю

a krosikasi
кием-салым шкафы

a krosi
кием

den kowsu
оекбаш

den kowsu
оек

a kowsu
колготки

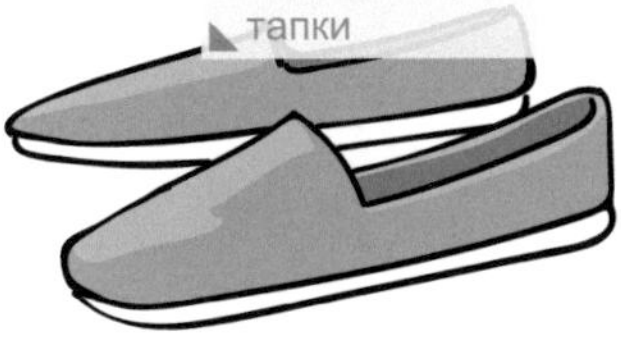

a sjaal
шарф

a prasoro
зонт

a bosroko
футболка

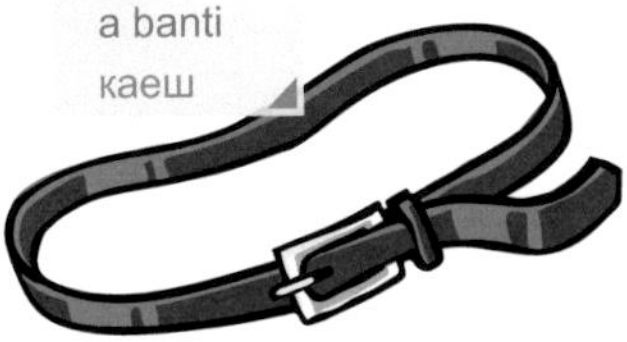

a banti
каеш

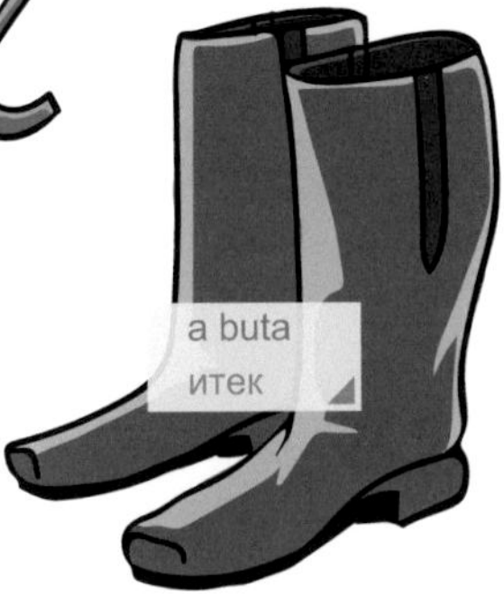

a buta
итек

den slipper
тапки

den pata
кроссовки

den susu

сандаллар

den susu

ботинкалар

a buta

резин итекләр

a jockey

трусик

a bh

бюстгальтер

a kamsoro

майка

a krosi - кием

a skin
боди

a bruku
чалбар

a jeansbruku
джинсы

a koto
итәк

a blus
блузка

a empi
күлмәк

a empi
свитер

a dyaki
свитер

a djakti
спорт курткасы

a dyakti
жакет

a alendyakti
пәлтә

a alendyakti
плащ

a paki
костюм

a yapon
күлмәк

a trowyapon
туй күлмәге

a krosi - кием

a paki
ирләр костюмы

a sribikrosi
төнге эчке күлмәк

a sribikrosi
пижама

a sari
сари

a angisa
яулык

a tulband
чалма

a burka
пәрәнҗә

a kaftan
кафтан

a abaya
абайя

a swenkrosi
коену костюмы

a swenbruku
плавки

a syatu bruku
шорт

a training paki
спорт костюмы

a feskoki
алъяпкыч

a handschoen
перчаткалар

a krosi - кием

47

a knopo

төймә

a aygrasi

күзлек

a anubuy

беләзек

a keti

чылбыр

a linga

балдак

a yesilinga

алка

a ati

бүрек

a krosi anga

элгеч

a ati

эшләпә

a tay

галстук

a rits

молния каптырмасы

a feti musu

каска

a bretel

подтяжка

a sem skoro krosi

мәктәп формасы

a sem krosi

форма

48 a krosi - кием

a slabbetje

балалар күкрәкчәсе

a bobimofo

имезлек

a pisiduku

подгузник

a kantoro
офис

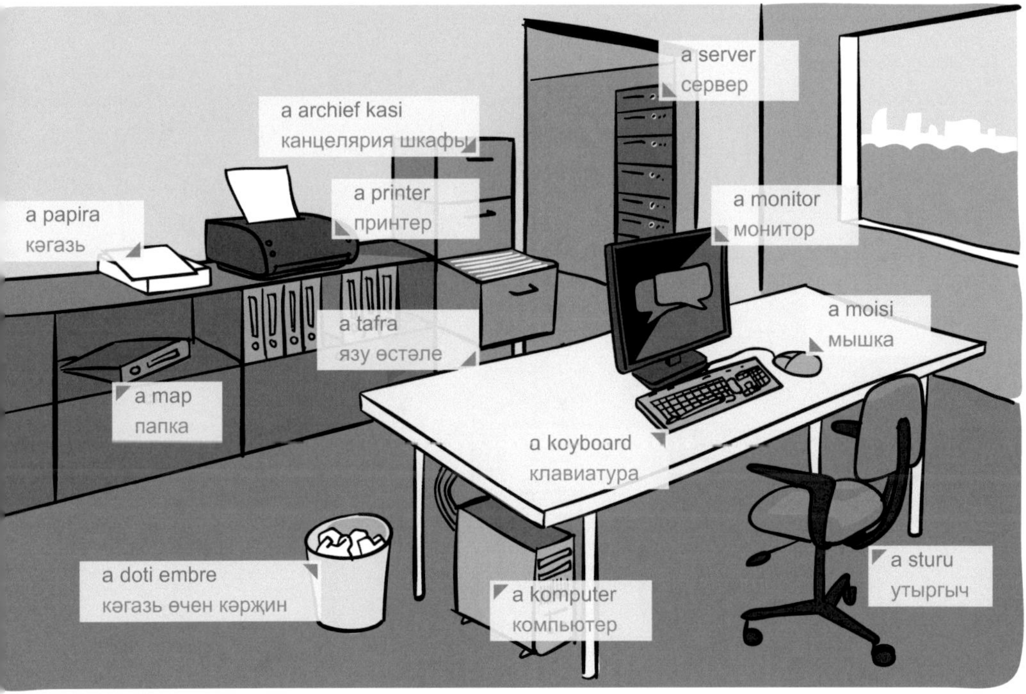

- a archief kasi — канцелярия шкафы
- a server — сервер
- a papira — кәгазь
- a printer — принтер
- a monitor — монитор
- a tafra — язу өстәле
- a moisi — мышка
- a map — папка
- a koyboard — клавиатура
- a doti embre — кәгазь өчен кәрҗин
- a komputer — компьютер
- a sturu — утыргыч

a kofi kan

кофе кружкасы

a kalkulator

калькулятор

a internet

интернет

a kantoro - офис

49

a laptop
ноутбук

a brifi
хат

a boskopu
хәбәр

a konkrutitei
кесә телефоны

a neti
челтәр

a kopi masyin
ксерокс

a software
программа

a konkrutitei
телефон

a stopkontakt
розетка

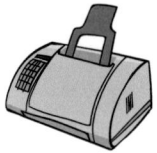
a fax masyin
факс

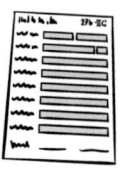
a formulier
формуляр

a papira
документ

a kantoro - офис

a ekonomia
икътисад

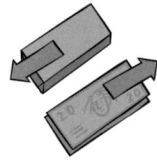
bai
сатып алу

pai
түләү

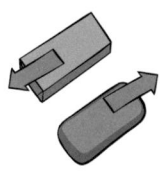
du
сәүдә

a moni
акча

a dollar
доллар

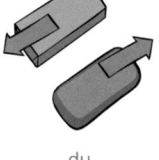
a euro
евро

a yen
иена

a rubel
сум

a frank
франк

a renminbi yuan
жэньминьби юань

a rupie
рупия

a monimasyin
банкомат

a kenki kantoro

валюта алмаштыру пункты

a gowtu

алтын

a solfru

көмеш

a oli

җир мае

a krakti

энергия

a prijs

бәя

a kontrakti

килешү

a lantimoni

салым

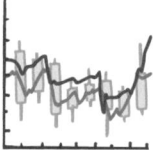

a pisi

акция

wroko

эш

a wrokoman

эшче

a wrokobasi

эш бирүче

a fabrik

фабрика

a wenkri

кибет

a ekonomia - икътисад

den kari
профессияләр

a skowtu — полицейский
a brandweerman — янгын сүндерүче
a piloot — очучы
a datra — табиб
a boriman — пешекче

a djariman

бакчачы

a temreman

агач остасы

a modist

тегүче

a krutubasi

хаким

a scheikunde sma

химик

a akteur

актер

a bus sjafeur

автобус йөртүче

a taximan

таксист

a fisiman

балыкчы

a krinsma

җыештыручы хатын

a dakitapu man

түбә ябучы

a diniman

официант

a ontiman

аучы

a ferfiman

рәссам

a bakriman

пешекче

a elektrikman

электрик

a bow-wroko man

төзүче

a ensjinoru

инженер

a sraktiman

итче

a loodgieter

сантехник

a postbode

хат ташучы

den kari - профессияләр

a srudati
солдат

a architekt
архитектор

a kasman
кассир

a bromkisma
чәчәкче

a seti sma wiri man
парикмахер

a kondukteur
кондуктор

a monteur
механик

a kapten
капитан

a tifidatra
теш табибы

a sabiman
галим

a Dyu domri
раввин

a Moslim domri
имам

a moniki
монах

a priester
рухани

den kari - профессияләр

a wrokosani
кораллар

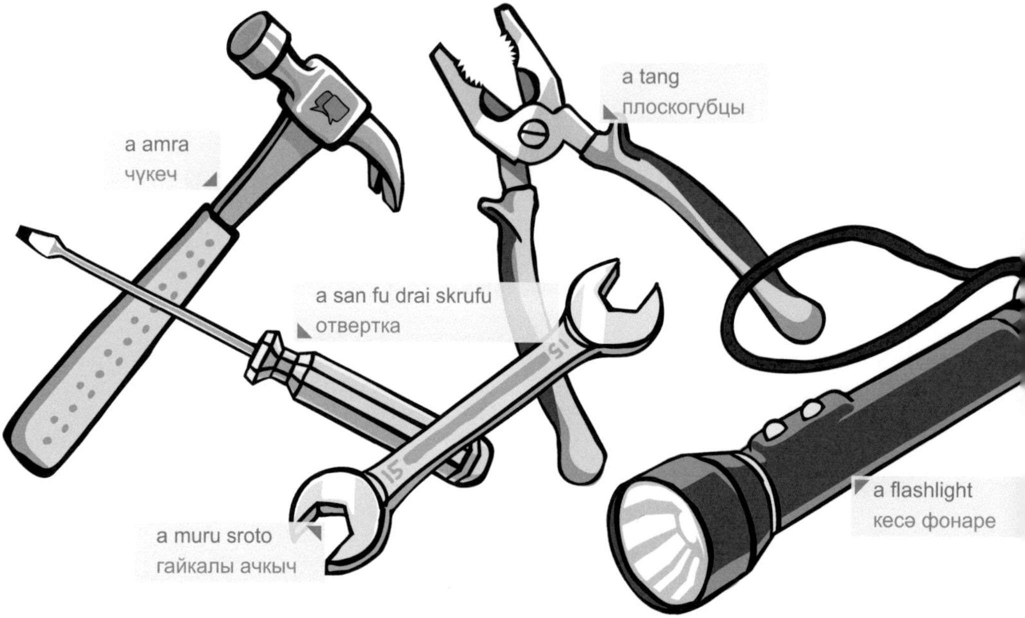

a amra
чүкеч

a tang
плоскогубцы

a san fu drai skrufu
отвертка

a muru sroto
гайкалы ачкыч

a flashlight
кесә фонаре

a dikimasyin

экскаватор

a wrokosani kisi

инструментлар өчен тартма

a trapu

баскыч

a sa

пычкы

den spikri

кадаклар

a boro

дрель

meki

төзәтү

a skepi

көрәк

Baya!

Шайтан алгыры!

a stofblik

соскы

a ferfi patu

савытлы буяу

den skrufu

винтлар

den poku sani
музыкаль инструментлар

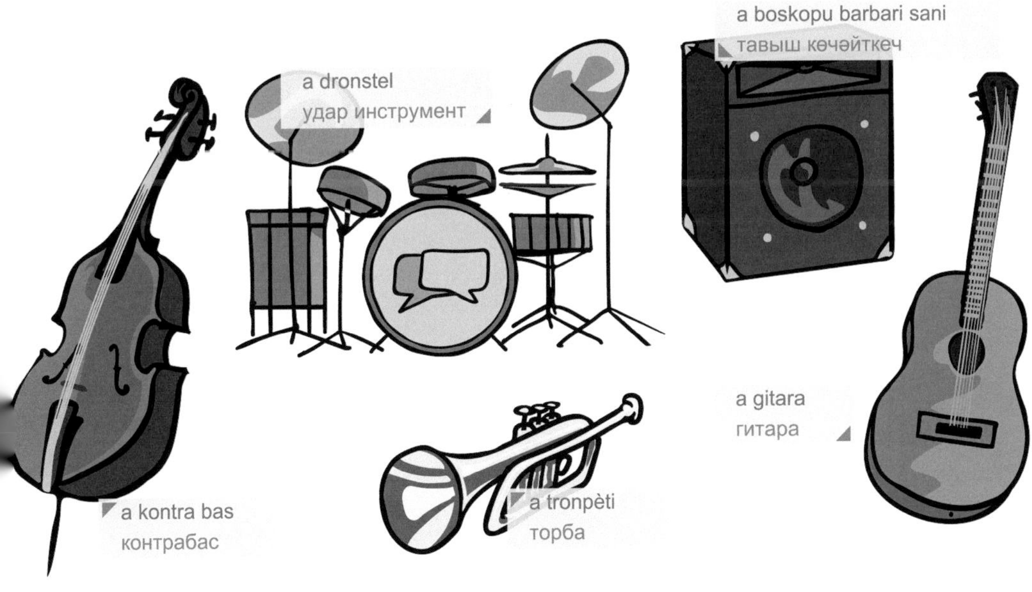

a boskopu barbari sani
тавыш көчәйткеч

a dronstel
удар инструмент

a gitara
гитара

a kontra bas
контрабас

a tronpèti
торба

a piano

пианино

a finyoro

скрипка

a bas

бас-гитара

a pauk

литавра

a dron

барабан

a keyboard

синтезатор

a saxofon

саксофон

a froiti

флейта

a mikrofon

микрофон

den poku sani - музыкаль инструментлар

a meti dyari
зоопарк

a tigri — юлбарыс
a pen — күзәнәк
a sabanaburiki — зебра
a mofodoro keru
a meti nyan — азык
a panda — панда

den meti

хайваннар

a asaw

фил

a kangeru

көнгерә

a neushoorn

мөгезборын

a gorilla

горилла

a beer

аю

a kameri

дөя

a stroisifowru

тәвә кошы

a lew

арыслан

a monki

маймыл

a korikori

фламинго

a popokai

тутый кош

a ijsbeer

ак аю

a pinguïn

пингвин

a sarki

акула

a prodokaka

тавис

a sneki

елан

a kaiman

крокодил

a sma san e sorgu meti

зоопарк хезмәткәре

a sedagu

тюлень

a penitigri

ягуар

a pikin asi

пони

a penitigri

каплан

a watrabofru

су үгезе

a giraf

жираф

a aka

бөркет

a werder agu

кабан дуңгызы

a fisi

балык

a sekrepatu

ташбака

a walrus

морж

a sabanadagu

төлке

a dia

газәл

a meti dyari - зоопарк

a sport
спорт төрләре

den aktifiteit
хәрәкәт

jompo — сикерү

brasa — кочаклау

lafu — көлү

waka bary — бару

singi — җырлау

begi — гыйбадәт кылу

bosi — үбү

dren — хыяллану

skrifi
язу

hari
рәсем ясау

sori
күрсәтү

pusu
басу

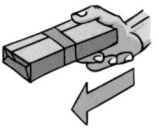

gi
бирү

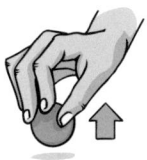

teki
алу

abi
үзеңдә булдыру

dati
эшләү

de
булу

tnapu
басып тору

lon
йөгерү

hari
тарту

trowe
ташлау

fadon
егылу

lei
яту

wakti
көтү

tyari
йөртү

sidon
утыру

weri
кию

sribi
йоклау

wiki
уяну

luku
карау

krei
елау

korikori
үтекләү

kan
тарау

taki
әйтү

ferstan
аңлау

aksi
сорау

arki
тыңлау

dringi
эчү

nyanyan
ашау

krin
тәртипкә китерү

lobi
сөю

bori
әзерләү

rei
машинада бару

frei
очу

den aktifiteit - хәрәкәт

seiri
Җилкәндә йөрү

teri
исәпләү

lesi
уку

leri
уку

wroko
эш

trow
никахлашу

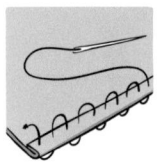
nai
тегү

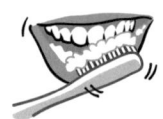
krintifi
тешләрне чистарту

kiri
үтерү

smoko
тәмәке тарту

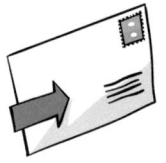
seni
җибәрү

den aktifiteit - хәрәкәт

a famiri
гаилә

a granmama
әби

a granpapa
бабай

a papa
әти

a mama
әни

a beibi
сабый

a umapikin
кыз

a manpikin
ул

a fisiti
кунак

a tanta
түти

a omu
абый

a brada
кардәш

a sisa
апа

a skin
тән

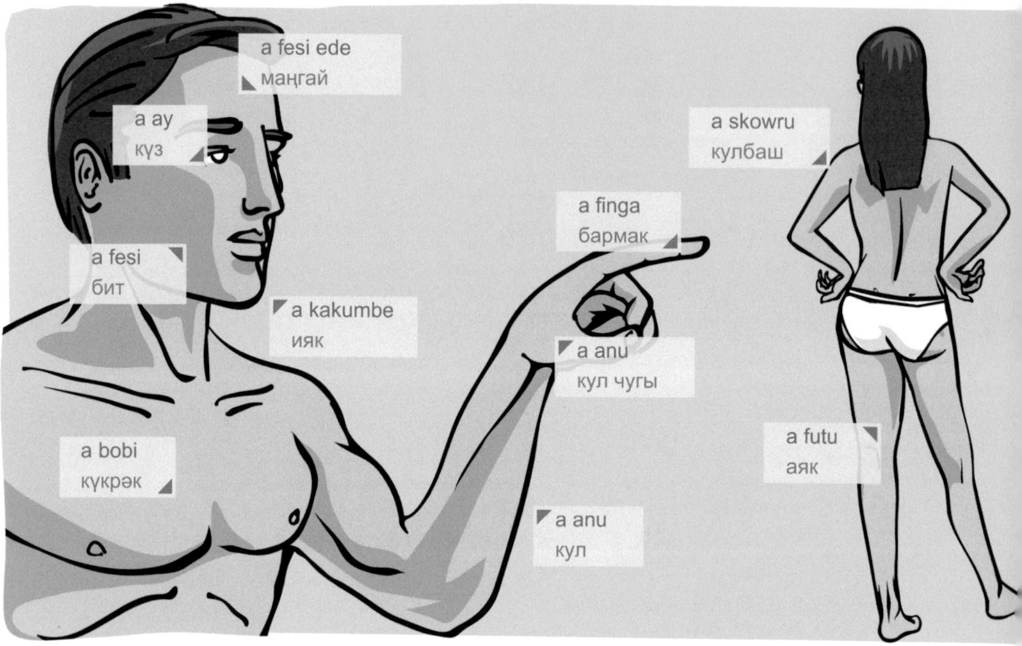

- a fesi ede — маңгай
- a au — күз
- a fesi — бит
- a bobi — күкрәк
- a kakumbe — ияк
- a finga — бармак
- a anu — кул чугы
- a anu — кул
- a skowru — кулбаш
- a futu — аяк

a beibi
сабый

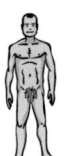

a man
ир

a uma
хатын

a uma pikin
кыз

a boi
малай

a ede
баш

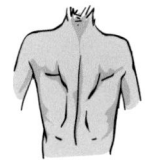

a baka

арка

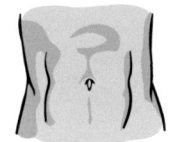

a bere

эч

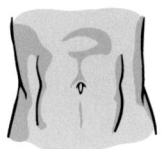

a kumba

кендек

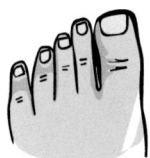

a futufinga

аяк бармагы

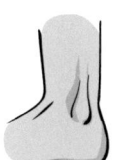

a bakafutu

үкчә

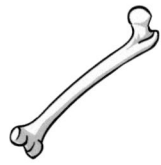

a bonyo

сөяк

a djonku

бот

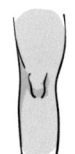

a kindi

тез

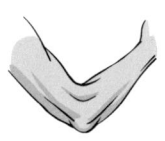

a baka anu

терсәк

a noso

борын

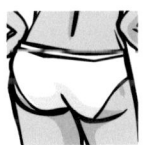

a bakasei

арт сан

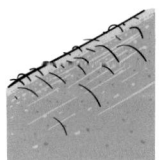

a skin

тире

a seifesi

яңак

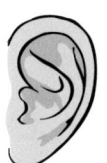

a yesi

колак

den mofobuba

ирен

a skin - тән

69

a mofo

авыз

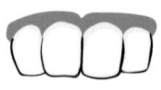

a tifi

теш

a tongo

тел

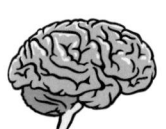

a ede tonton

ми

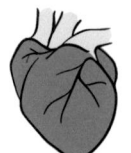

a ati

йөрәк

a titei

мускул

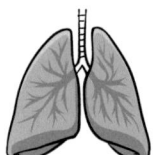

a fokofoko

үпкәләр

a lefre

бавыр

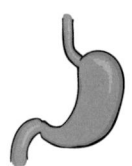

a bere

ашказан

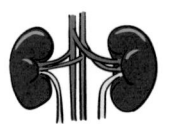

den niri

бөерләр

a freiri

җенси акт

a pipikowsu

презерватив

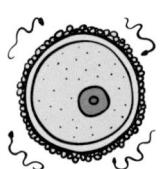

a eksi

күкәйлек

a siri

сперма

a bere

көмәнлек

70   a skin - тән

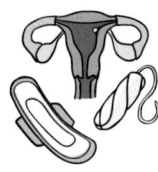

a munsiki

күрем

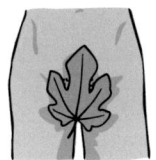

a umapresi

вагина

a toli

пенис

a tapu-ay-wiwiri

каш

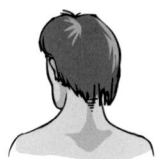

a wiwiri

чәчләр

a neki

муен

a skin - тән

a ati oso
хастаханә

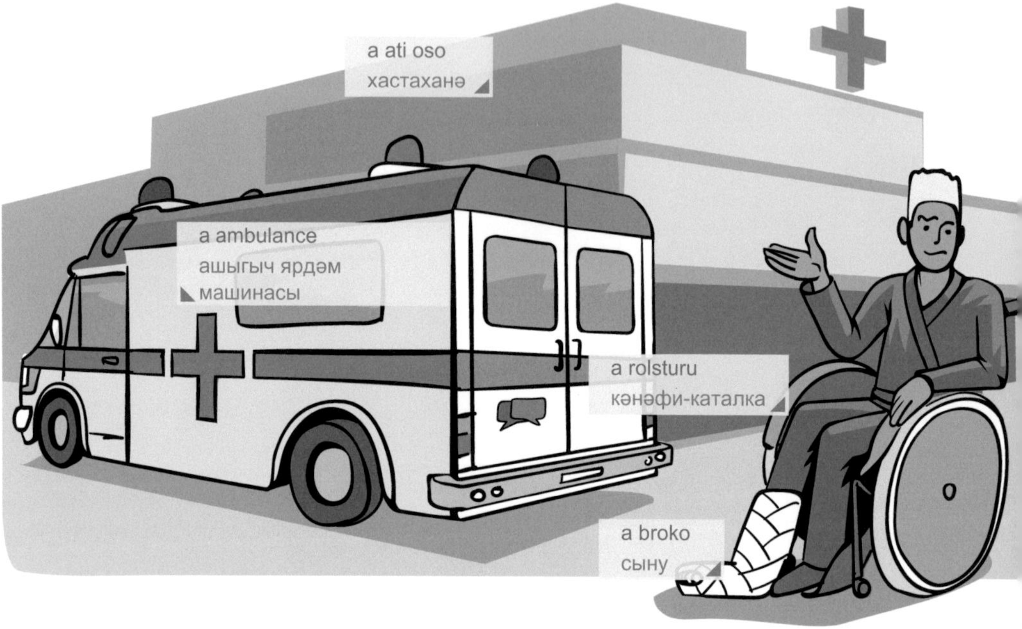

a ati oso
хастаханә

a ambulance
ашыгыч ярдәм машинасы

a rolsturu
кәнәфи-каталка

a broko
сыну

a datra
табиб

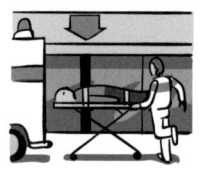
a EHBO
беренче ярдәм пункты

a suster
шәфкать туташы

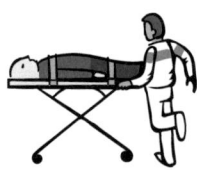
a nowtu
кичектергесез хәл

flaw
аңсыз

a pen
авырту

a soro

зыян килү

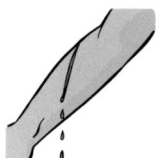

a brudu

кан агу

a ati siki

инфаркт

a bururtu

инсульт

a trefu

аллергия

koso

ютәл

a kortsu

югары температура

a griep

грипп

a lusu bere

эч китү

a ede-ati

баш авырту

a takrusiki

кысла

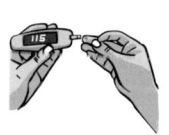

a sukru

диабет

a chirurg

хирург

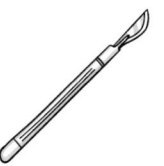

a skalpel

скальпель

a operâsi

операция

a ati oso - хастаханә

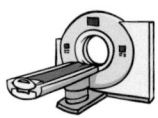
a CT
КТ

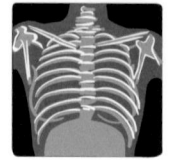
a röntgen
рентген

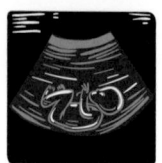
a echo
ультратавыш

a fesi maskradu
битлек

a siki
авыру

a wakti kamra
кабул итү бүлмәсе

a kroku
култык таягы

a duku
пластырь

a duku
бинт

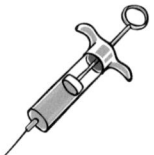
a spoiti
укол кадау

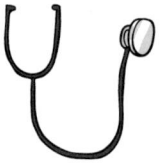
a stethoskoop
стетоскоп

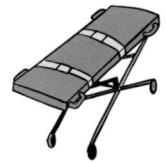
a brandkard
носилки

a temperatuur marki
термометр

a gebore
туу

a fatu
артык авырлык

a ati oso - хастаханә

a masyin fu yere
колак аппараты

a sani fu krin
йогышсызландыру чарасы

a dyomposiki
инфекция

a firus
вирус

a HIV / AIDS
ВИЧ / СПИД

a dresi
дару

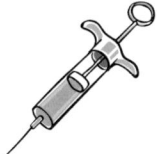
a faksinasi
прививка

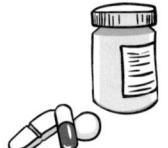
den perki
таблеткалар

a perki
балага узмас өчен таблетка

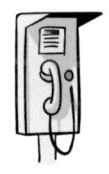
a nowtu nomru
ашыгыч чакыру

a brudu marki
кан басымын үлчәү өчен прибор

siki / gesontu
авыру / сәламәт

a nowtu
кичектергесез хәл

Yepi!
Ярдәм итегез!

a warskow
тревога сигналы

a feti
һөҗүм иту

a feti
һөҗүм

a ogri
куркыныч

a nowtu doro
запас чыгу урыны

Faya!
Янгын!

a fayakiri sani
ут сүндергеч

a mankeri
каза

a EHBO-kofru
даруханә

SOS
SOS

a skowtu
полиция

a grontapu
җир

Bakrakondre
Европа

Opo-Amerkan
Төньяк Америка

Suid-Amerkan
Көньяк Америка

Afrika
Африка

Asi
Азия

Australia
Австралия

a Atlantis Se
Атлантик океан

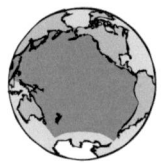
a Tan tiri Se
Тын океан

a Indisch Se
Һинд океаны

a Suidsei Se
Антарктик океан

a Noordsei Se
Төньяк Боз океаны

a Noordsei
Төньяк полюс

a Suidsei

Көньяк полюс

Antartika

Антарктика

a grontapu

җир

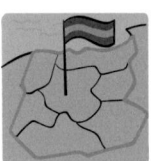

a kondre

коры җир

a se

диңгез

a eilanti

утрау

a nâsi

милләт

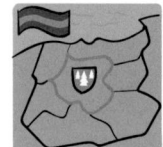

a lanti

дәүләт

oloisi
сәгать

a oloisi fesi

сәгать циферблаты

a yuru sori

сәгать угы

a miniti sori

минут угы

a sekonde sori

секунд угы

O lati a de?

Әле сәгать ничә?

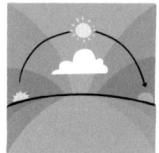

a dey

көн

a ten

вакыт

now

хәзер

a oloici

электрон сәгать

a miniti

минут

a yuru

сәгать

a wiki
атна

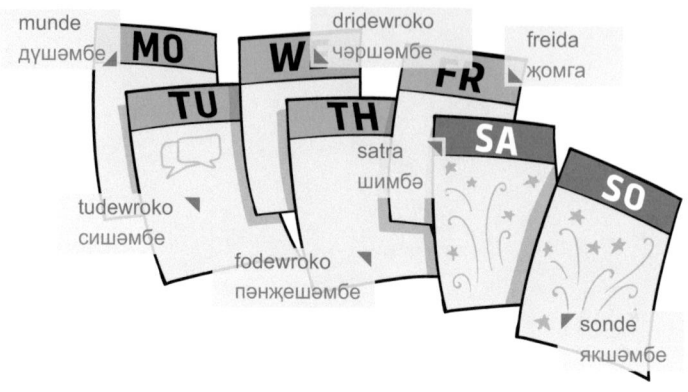

munde
дүшәмбе

tudewroko
сишәмбе

dridewroko
чәршәмбе

fodewroko
пәнҗешәмбе

satra
шимбә

freida
җомга

sonde
якшәмбе

esde

кичә

tide

бүген

tamara

иртәгә

a mamanten

иртә

a bakadina

төш

a neti

кич

den wrokodei

эш көннәре

a weekend

ял көннәре

a wiki - атна

a yari
ел

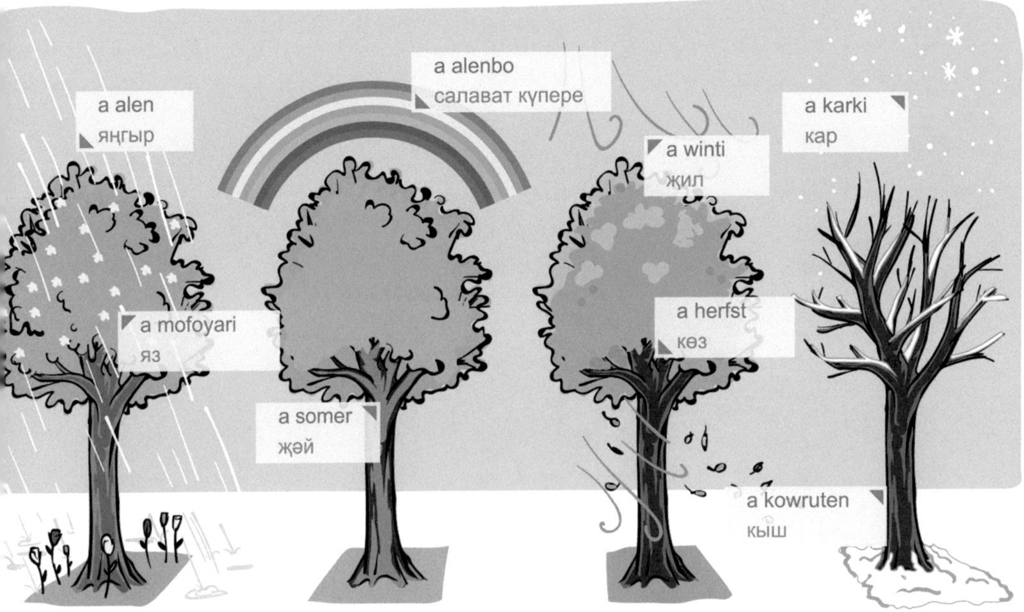

a alen / яңгыр

a alenbo / салават күпере

a karki / кар

a winti / җил

a mofoyari / яз

a herfst / көз

a somer / җәй

a kowruten / кыш

a taki fu a weer

һава торышы

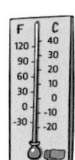

a thermometer

термометр

a skèin fu a son

кояш яктысы

a wolku

болыт

a dow

томан

a loktu foktu

дымлылык

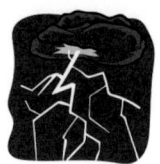

a faya

яшен

a dondru

күк күкрәү

a sekiwatra

давыл

a agra

боз

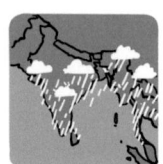

a bigi skwala

муссон

a frudu

су басу

a èisi

боз

januari

гыйнвар

februari

февраль

maart

март

april

апрель

mei

май

juni

июнь

juli

июль

augustus

август

a yari - ел

september
сентябрь

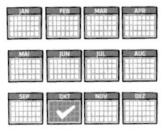
oktober
октябрь

nofember
ноябрь

december
декабрь

den form
формалар

a lontu
божра

a fokanti
квадрат

a fokanti naga lanqa sei
турыпочмак

a dri-uku
өчпочмак

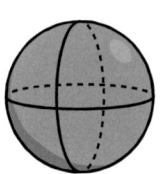
a lontu
шар

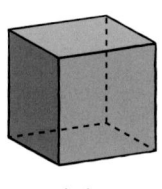
a kubus
куб

kloru
төсләр

witi

ак

geri

сары

alanya

кызгылт сары

ròs

ал

redi

кызыл

lila

шәмәхә

blaw

зәңгәр

grun

яшел

broin

көрән

grei

соры

blaka

кара

difrenti
капма-каршылыклар

tumsi / wanwan

күп / аз

atibron / tiri

усал / тыныч

moi / takru

матур / ямьсез

begin / kba

башы / ахыры

bigi / ptyin

зур / кечкенә

lekti / dungru

якты / караңгы

brada / sisa

абый / эне

krin / doti

чиста / пычрак

krinkrin / no bun nofo

тулы / тулы түгел

dei / neti

көн / төн

dede / libi

үле / тере

bradi / smara

киң / тар

kan nyan / no kan nyan

ашарга яраклы / ашарга яраксыз

takru / bun

явыз / яхшы

prisiri / ferferi

дулкынланган / сагынган

fatu / fini

юан / ябык

fosi / lasti

башта / азакта

mati / feyanti

дус / дошман

furu / leigi

тулы / буш

tranga / safu

каты / йомшак

hebi / lekti

авыр / җиңел

angri / dreineki

ачлык / сусау

siki / gesontu

авыру / сәламәт

no gi pasi / tru

хокуксыз / хокуклы

koni / don

акыллы / акылсыз

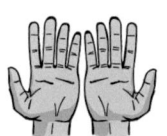

kruktu / leti

сулдан / уңнан

gi / fara

якын / ерак

difrenti - капма-каршылыклар

nyun / owru

яңа / тотылган

noti / wan sani

бер нәрсә дә / нәрсәдер

owru / jongu

өлкән / яшь

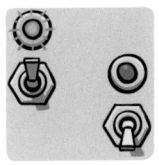

leti / tapu

тоташтырылган / сүндерелгән

opo / tapu

ачык / ябык

safu / tranga

әкрен / кычкырып

gudu / poti

бай / ярлы

bun / fowtu

дөрес / дөрес түгел

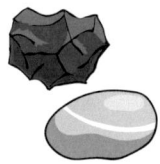

grofu / grati

кытыршы / шома

sari / breiti

моңсу / бәхетле

shatu / langa

кыска / озын

loli / esi esi

җай / тиз

nati / drei

дымлы / коры

warang / kowru

җылы / салкын

feti / freide

сугыш / тынычлык

difrenti - капма-каршылыклар

den nomru
саннар

0 noti — ноль

1 wan — бер

2 tu — ике

3 dri — өч

4 fo — дүрт

5 feifi — биш

6 siksi — алты

7 seibi — җиде

8 aiti — сигез

9 neigi — тугыз

10 tin — ун

11 erfu — унбер

12
twarfu
унике

13
tin-na-dri
унөч

14
tin-na-fo
ундүрт

15
tin-na-feifi
унбиш

16
tin-na-siksi
уналты

17
tin-na-seibi
унҗиде

18
tin-na-aiti
унсигез

19
tin-na-neigi
унтугыз

20
twenti
егерме

100
hondru
йөз

1.000
dusun
мең

1.000.000
milyun
миллион

den nomru - саннар

den tongo
телләр

Ingristongo

инглизчә

Amerkan Ingristongo

американча инглиз

Sneisi Mandarijntongo

мандаринча Кытай

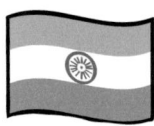

Hinditongo

һинди

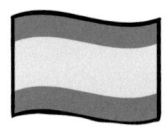

Spanyoro

испан

Frans

француз

Arabiatongo

гарәп

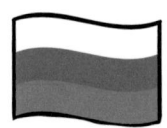

Rusitongo

рус

Potogisi

португал

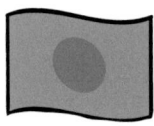

Bengalitongo

бенгал

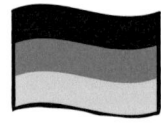

Doisritongo

алман

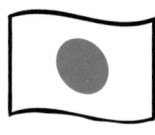

Japantongo

япон

suma / sang / fa
кем / нәрсә / ничек

mi
мин

yu
син

en / en / en
ул / ул / ул

unu
без

yu
сез

den
алар

suma?
кем?

san?
нәрсә?

fa?
ничек?

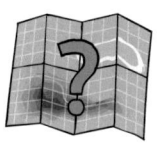
pe?
кайда?

oten?
кайчан?

a nen
исем

pe
кайда

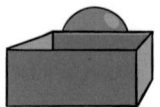

baka
артта

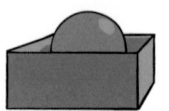

ini
эчендә

fesi
алда

abra
өстендә

tapu
өстенә

ondro
астында

na sei
янәшә

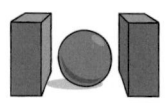

mindri
арасында

presi
урын